Oz
129

BIBLIOTHÈQUE
CHRÉTIENNE ET MORALE

approuvée

PAR MONSEIGNEUR L'ÉVÊQUE DE LIMOGES.

—

7ᵉ SÉRIE.

Tout exemplaire qui ne sera pas revêtu de notre griffe, sera réputé contrefait et poursuivi conformément aux lois.

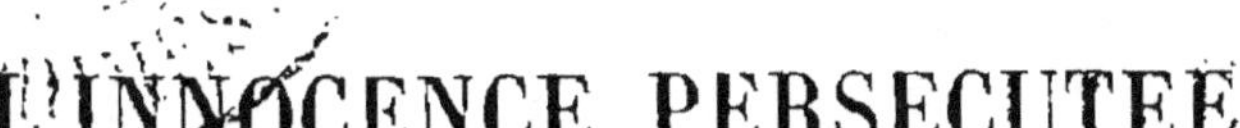

L'INNOCENCE PERSECUTEE

L'INNOCENCE

PERSÉCUTÉE

LIMOGES

BARBOU FRÈRES, IMPRIMEURS-LIBRAIRES.

L'INNOCENCE PERSÉCUTÉE

Jeanne de Portugal, premier fruit du fruit du mariage d'Alphonse V, roi du Portugal, avec Elisabeth de Coïmbre, naquit à Lisbonne le 4 février 1452. La famille s'accrut d'un fils, trois ans après, et la reine mourut l'année suivante, laissant sa fille à l'âge de quatorze ans, déjà si prévenue des grâces du Seigneur, que la prière faisait les délices de cette princesse. Son père fit passer à son service tous les gens attachés à celui de sa mère; on lui choisit en outre pour compagnes de jeunes filles de qualité, du nombre desquelles était Andrée del Campo : ce fut une de celles qui semblèrent lui plaire davantage, mais leurs inclinations étaient bien opposées : Jeanne croissait en vertu, tandis que la vanité s'emparait du cœur d'Andrée. L'Infante l'aimait malgré ses défauts, qu'elle lui reprochait souvent avec douceur et sans fruit, la jeune personne ne négligeant rien pour répandre autour d'elle l'amour du monde.

Parvenues l'une et l'autre à l'âge de dix-sept ans, Andrée confia à son auguste amie qu'un jeune seigneur, don Pèdre, l'entretenait souvent de l'inclination qu'il avait pour elle; justement mécontente d'une telle confidence, elle exigea de sa jeune amie qu'elle ne lui en parlât jamais, la menaçant de l'éloigner, si elle apprenait qu'elle conservât les moindres relations avec don Pèdre. Hélas ! combien la jeunesse est inconsidérée ! Bientôt Andrée ajouta l'hypocrisie à une conduite déjà blâmable. Cependant le monde, avec toutes ses pompes et ses brillants honneurs, vint se présenter à une âme pure mais novice encore dans la vertu. Louis XI, roi de France, fit demander l'infante pour son fils Charles VII; Maximilien, archiduc d'Autriche, et Richard III, roi d'Angleterre, adressèrent à Alphonse les mêmes propositions pour eux-mêmes. La perspective était séduisante. Jeanne,

déjà dans son cœur toute à Dieu, conjura le roi son père de lui laisser don-
ner quelque temps à des réflexions sa-
lutaires. Le prince, alors occupé de
passer en Afrique avec son fils, à la
tête d'une nombreuse armée, se prêta
sans peine aux désirs de sa fille : il
partit quelques mois après, la laissant, quoiqu'à peine âgée de dix-huit
ans, régente de ses Etats pendant son
absence.

Le succès de la guerre répondit au
courage du monarque et aux vœux con-
tinuels de l'infante. Alphonse subjugua
les Maures, et revint triomphant à Lisbonne. La princesse, suivie de toute la
cour, alla au devant de son père, par-
tageant avec lui les louanges, l'admira-

tion , les applaudissements, si bien mé-
rités , que des sujets fidèles s'empres-
saient d'adresser à la famille de leur
maître. Tout à coup l'allégresse publi-
que est troublée, le cœur du père et
celui de ses enfants adoptifs saignent de
la demande que fait la jeune régente :
sous les yeux de la multitude, elle solli-
cite le roi, comme unique récompense
de sa courte, mais heureuse et sage
administration , la liberté de se retirer
au monastère des religieuses de Saint-
Dominique de la ville d'Avéïro, pour
s'y consacrer à Dieu par un engagement
irrévocable. Son père était trop sincè-
rement religieux pour s'opposer haute-
ment à l'héroïque sacrifice; mais son
cœur et sa foi exigèrent que cette fille

chérie réfléchît quelque temps au dessein qu'elle avait formé. Bientôt, reconnaissant que Dieu en est l'auteur, il impose silence à la nature, et veut seulement que la princesse fasse l'essaie de la vie religieuse dans une maison de l'ordre de Citeaux, moins austère qu'Aveïro.

Elle entra, mais avec la joie la plus vive, à Odeville, où la mondaine Andrée la suivit dans des sentiments bien opposés. Deux ans s'écoulèrent pour l'auguste novice dans l'exercice des vertus monastiques ; à cette époque, elle obtint la permission, si longtemps désirée, de prendre l'habit à Aveïro : elle congédia toutes les dames qui l'avaient accompagnée dans sa première

retraite, et ne garda que la seule Andrée, qu'elle espérait enfin de conqué-
rir à Dieu. Pour lui rendre sa retraite
plus douce, elle lui assigna un revenu
considérable : tous ces avantages tou-
chaient peu l'esclave du siècle ; cependant elle dissimula sa douleur. Le jour
du triomphe de Jeanne arrivé, le roi,
suivi de toute la cour, la conduisit à
Avéïro, où, dans la cérémonie la plus
pompeuse, mais dont elle rehaussait
l'éclat par sa vertu et par son allégresse,
elle renonça à toutes les grandeurs de
la terre. Ce qui le comblait de joie coûta
bien des larmes à la famille royale :
elle prit le deuil ce jour-là même,
et vit tous ces regrets partagés par

un peuple qui idolâtrait la fille de son souverain.

En choisissant l'humble habit des vierges, elle oublia la grandeur de son origine et de tous les honneurs qu'elle avait supportés jusque-là avec tant de répugnance. L'illustre novice ne voulut être en rien distinguée de la moindre de ses compagnes : chaque jour apportait pour elle la pratique d'une vertu plus héroïque ; et c'est ainsi qu'elle se disposait à l'heureux moment de sa profession. Mais, hélas ! bientôt d'invincibles obstacles se présentent. Les uns viennent de l'assemblée des États du royaume : l'infant, marié depuis quelques années, n'avait point d'enfant ; les autres sont offerts par les directeurs de la princesse eux-mêmes : ils la jugent d'une complexion trop faible pour soutenir les austérités de la règle qu'elle avait embrassée : il fut arrêté dans le chapitre des religieuses qu'elle ne serait point reçue à faire ses vœux. Cet arrêt fut pour la jeune vierge comme le coup de la mort. Mais, comprimant sa douleur, elle se soumit humblement, et, au lieu de se plaindre, se jetant aux pieds de la supérieure d'Avéïro, elle la conjura de lui accorder, au moins comme la plus douce consolation qu'elle pût recevoir, de passer ses jours parmi les novices ; et cette grâce, si vivement sollicitée, fut obtenue.

Rien n'avait fait impression sur la criminelle Andrée del Campo, ni les

vertus de la princesse , ni son extrême et tendre indulgence : ses passions
se fortifiaient de jour en jour ; l'hypocrisie dont elles les couvrait la ren-
dait encore plus coupable : son cœur
était endurci. Don Pèdre avait fixé son
séjour à Avéïra, où leur intrigue sub-
sistait toujours. L'infante en est ins-
truite d'une manière positive : obligée
d'ouvrir les yeux , elle en écrivit au roi
son père ; mais Andrée nie formelle-
ment d'avoir eu la moindre intelligence
avec le jeune homme , ajoutant qu'elle
a toujours souffert ses poursuites en
silence , dans la crainte de le perdre.
L'indigne amie pleure , sanglote et se
désespère des soupçons injurieux dont
elle est l'objet. La belle âme de Jeanne

fut déçue par cette perfide apparence ; elle-même daigna consoler la prétendue victime qui, dans le temps qu'elle affectait une douleur excessive, formait un complot affreux contre sa bienfaitrice. La nuit d'après, l'intrigue de don Pèdre et d'Andrée avait été reconnue et évidemment prouvée. La princesse se rendant à Matines, et passant par une petite porte du jardin, reçut un coup d'arquebuse, qui heureusement n'atteignit que son voile. Elle entra à l'église, rassura les religieuses, effrayées du bruit, et leur dit : « On n'en veut vraisemblablement qu'à moi; commençons l'office sans nous en troubler. » Cependant quelques-unes de ces dames et plusieurs personnes du dehors, qu'on avait fait avertir, se rendirent à l'appartement de l'infante : on n'y trouva plus Andrée ; en vain la chercha-t-on, ainsi que don Pèdre, dans toute la ville : on ne douta point qu'ils ne se fussent ensemble soustraits à la justice, après avoir exécuté leur abominable dessein.

L'absence d'Andrée donna plus de douleur à la princesse que le danger qu'elle venait de courir ne lui avait causé de crainte. Tandis que le roi ordonnait de rechercher avec soin les plus coupables, sa fille faisait faire des prières publiques pour le retour d'Andrée, et obtint pour elle du monarque une amnistie générale. Ces grands sentiments, si dignes d'un disciple du Calvaire, semblaient annoncer que la noble victime approchait de son terme. Peu de jours après la fuite de la criminelle amie, sa maîtresse fut attaquée d'une douleur d'entrailles si violente, qu'elle sentit bientôt n'y pouvoir résister. Hélas! tant de bienfaits devaient-ils lui attirer une fin si cruelle! On se persuada qu'elle était l'effet du poison. Le monstre qu'elle avait si tendrement nourri dans son sein, Andrée, la veille de son évasion, s'était chargée de présenter elle-même à l'infante une tisane que les médecins lui ordonnaient.

Cependant sa dernière heure approchait, et quoiqu'elle eût joint à l'innocence baptismale les plus rigoureux exercices de la pénitence, elle fut si frappée de la terreur des jugements de Dieu, qu'elle lui adressait sans cesse cette prière : « Détournez vos yeux de mes crimes, effacez mes iniquités, n'entrez point en jugement avec moi, et pour votre gloire, Seigneur, faites grâce à cette pécheresse. « Divin consolateur, ineffable Rémunérateur des élus, vous la ranimâtes d'une amoureuse confiance dans ses derniers instants. « Oh! s'écrie-t-elle, combien il est doux de servir le Seigneur! qu'il est bon et miséricordieux pour ceux qui se donnent à lui! j'irai, j'entrerai dans la maison de Dieu; Mon cœur est comblé de joie; le sang de Jésus-Christ me sera appliqué, je ne crains plus rien de l'enfer. » Munie des grâces de l'Eglise, la jeune épouse du Sauveur demanda qu'on récitât les prières des agonisants : et, au moment où l'on disait : Saint Innocent, priez pour elle, elle expira dans la grâce du Seigneur, le 13 mai 1460. Vertueuse infante, vous nous avez été donnée comme un magnifique exemple des bénédictions que Dieu répand sur les justes ; mais, hélas ! quelle autre leçon foudroyante ! Malheureuse Andréc, infortuné don Pèdre, vous serez pour nous les monuments des suites terribles du crime. L'un et l'autre avaient été pris par un pirate, lorsqu'ils tentaient de se sauver en Portugal : don Pèdre était mort à la chaîne ; et Andrée, après avoir apostasié et embrassé le mahométisme, de-

venue l'épouse d'un corsaire, fut soup-
çonnée d'avoir eu part à une conjuration
formée par plusieurs esclaves contre leur
maître. Sur ce soupçon, que fortifiaient
ses premiers crimes, on la fit étrangler,
et par cette mort violente, sans avoir
donné le plus léger signe de repentir,
elle termina sa carrière monstrueuse.

Détournons nos regards effrayés d'un
si terrible spectacle; reportons-les sur
vous, jeune vierge, auguste fille des
rois! J'aime à vous considérer dans le
palais où vous naquîtes, et dans la
pompe qui entoura vos tendres années;
dans cet éclat, où votre conduite fut un
puissant attrait de vertu pour les sujets
soumis à votre père! Les grands modè-
les frappent bien plus; et, comme l'a dit

un de nos plus sublimes orateurs chré-
tiens, la piété devient comme un bon
air pour le peuple, dès que l'exemple
des grands l'autorise. Jeune et aimable
princesse, l'idée de la faiblesse que les
hommes attachent à la vertu tomba dès
qu'elle fut, pour ainsi dire, ennoblie
de votre nom, et qu'on put lui faire hon-
neur de vos exemples. La modestie et
la frugalité n'eurent plus rien de hon-
teux pour le reste des hommes, dès
qu'ils virent en vous qu'on peut être
grand et modeste, et que la fuite du luxe
et des vains plaisirs, non-seulement ne
fait point de honte aux petits, mais
donne même une nouvelle dignité à
l'élévation et à la naissance. O vierge,
assise sur les degrés du trône, et ap-

pelée par le monde à porter les plus belles couronnes de l'Europe, combien d'âmes pusillanimes auraient rougi de la vertu, que votre exemple rassura, qui ne craignirent plus de marcher après vous, et qui trouvèrent même glorieux et vraiment beau de suivre vos traces! Combien d'âmes trop sensibles encore aux intérêts de la terre, auraient craint que la piété ne fût un obstacle à leur élévation, auraient peut-être trouvé dans cette tentation l'écueil de tous les désirs de pénitence, si elles n'avaient appris, en vous voyant, que cette piété est utile à tous; qu'en attirant les grâces du ciel, elle n'éloigne pas celles de la terre. O Jeanne! tous ceux qui dépendaient de vous, excepté l'insensible

Andrée del Campo, reconnurent la vertu bien plus aimable, depuis qu'elle était devenue un moyen sûr de vous plaire, et que le même progrès qu'ils faisaient dans la piété, ils le faisaient dans votre confiance et dans votre estime.

AGLAE

OU

LA PITIÉ ENVERS LES ANIMAUX

Aglaé était fille unique de monsieur et madame de Verneuil . Sa première enfance se passa au milieu des plus tendres soins. Idolâtrée de ses parents, Aglaé courait risque d'être un enfant gâté ; mais, heureusement pour elle, madame de Verneuil joignait à une extrême sensibilité un esprit juste, des lumières et toutes les qualités qui font une personne de mérite.

Lorsque Aglaé eut cinq ans , sa maman voulut lui apprendre à lire. La

tendresse maternelle sut faire dispa-
raître les dégoûts attachés à cette première étude. Aglaé, dont la vivacité ne
peut se concevoir, prenait et quittait sa
leçon vingt fois en une minute, sans
jamais lasser la bonté de sa maman,
toujours indulgente pour sa fille chérie !
La mère d'Aglaé, un ouvrage de bro-
derie à la main, plaçait sur une table les
vingt-cinq lettres de l'alphabet, gravées
chacune séparément sur un petit morceau de carton, et la petite apprit à con-
naître ses lettres ; en nommer deux ou
trois sans aide, c'était gagner un bon-
bon !... Les tableaux de papa, les titres
des livres, tout, dans le courant du jour,
fournissait matière à rappeler la leçon
du matin.

Après les *lettres* vinrent les *syllabes*,
puis enfin les *phrases*. Aglaé, toujours
courant, et madame de Verneuil n'ayant

pas l'air d'imposer une tâche, formaient ensemble les noms de toutes les choses à leur usage et de toutes celles qu'Aglaé connaissait : car c'était toujours la petite qui donnait le mot. L'intelligence de l'enfant la servit si bien qu'à sept ans elle mettait l'orthographe avec exactitude, en citant les premières règles ; comptait assez bien, et savait par cœur une foule de jolis vers à sa portée.

Tout occupée de sa fille, madame de Verneuil jouissait de son ouvrage. Elle se proposa de lui apprendre aussi elle-même la géographie, l'histoire, et jusqu'aux arts d'agréments qui conviennent aux personnes.

Pour mieux diriger son intéressante élève, la bonne mère eut le courage de prendre un maître et de revenir sur les premiers principes du dessin et de la musique ; ensuite elle s'y perfectionna.

« Quel maître, disaisait-elle, aura autant

de patience que moi auprès d'Aglaé! qui désirera comme moi son avancement? Je dois donc, pour son intérêt et pour le mien, lui enseigner ce que je veux qu'elle sache : le cœur de ma fille sera ma récompense. »

Il entrait dans le plan d'éducation de madame de Verneuil qu'Aglaé ne connût point ces frayeurs puériles qui dominent les sens et triomphent de la raison : elle ne voulait point, qu'étant dans le monde, sa fille perdit la tête à la vue d'une araignée, et se trouvât mal devant une souris ; madame de Verneuil crut lui rendre service en lui laissant toucher ces petits animaux dont elle n'avait rien à craindre.

Les enfants ne s'effraient qu'à l'imitation de ceux qui les élèvent. Aglaé, qui n'avait point vu de grimaces, à qui personne ne disait : Ne touchez point cette vilaine bête !... prenait avec ses doigts la plus grosse araignée, comme elle eût pris une mouche; une souris l'enchantait par sa vivacité et sa gentillesse; elle parvint même à en apprivoiser une.

Les insectes et les poupées se succédaient tour à tous dans les jeux de la petite. D'abord elle s'en amusa innocemment; mais, lasse enfin de les regarder, elle finit par devenir cruelle envers eux : un haneton, attaché par la patte à un fil, fut pour elle un petit oiseau qui l'amusait, et le pauvre insecte mourait de fatigue et de langueur au fond d'une boîte où l'air n'entrait qu'à peine; cinq à six mouches, enfilées avec une épingle par le milieu du corps, faisaient rire Aglaé aux larmes; rien ne lui paraissait si plaisant que de voir voler une mouche sans pattes, ou marcher sans tête....

Quand la petite fille eut bien tourmenté les mouches, les hannetons, les oiseaux, etc., le chat eut son tour : on attacha à *Blanchette* des coquilles de noix aux quatre pattes, et on la fit courir sur un parquet bien ciré, puis on l'habilla en *dame*. Ce pauvre chat, pincé, tiraillé, à qui encore on défendait de tirer les griffes, était un véritable martyr.

Un jour, madame de Verneuil fut témoin de ces jeux barbares; plusieurs insectes gisaient victimes de l'insensible Aglaé, qui jouaient avec leurs membres palpitants : « Ma bonne, lui dit sa mère, tu rends ces pauvres petites bêtes bien malheureuses! Quoi ! tu peux, pour t'amuser, leur écraser un bras, une jambe et leur couper la tête?... —Oh ! maman, s'écria la petite, ce sont des *pattes* et non des *bras !* — Le nom n'y fait rien : crois-tu mon chien et mon chat insensibles, parce qu'ils ont des pattes? — Non, maman, mais celles de *Blanchette* et de *Zémire* sont bien plus grosses.—C'est-à-dire que si on te cassait une jambe, on ferait une action moins blâmable que de la casser à ton papa, parce que tu es beaucoup plus petite que lui? » Aglaé resta interdite : jamais elle n'avait fait ces réflexions; le souvenir des animaux qu'elle avait martyrisés lui fit verser des larmes. Sa mère l'embrassa tendrement : «Ne pleure pas, ma fille, lui dit-elle ; mais cesse de faire mal à ces petits êtres, qui ont assez d'ennemis à combattre, sans que tu te mettes encore du nombre.

« J'ai attaqué ton cœur, ajouta madame de Verneuil, je veux à présent persuader ta raison. » En même temps, cette dame se leva et fut prendre un verre qui grossissait considérablement les objets ; elle mit sur un morceau de papier la mouche mutilée, qui expirait dans les mains de sa fille; elle lui fit voir au travers de la loupe les fractures des articulations, le sang noir et figé et les mouvements convulsifs de la pauvre bête... Aglaé ne put soutenir ce spectacle; elle en détourna la vue avec horreur et fondit en larmes.

« Tu vois, ma fille, lui dit madame de Verneuil, en lui essuyant les yeux, que le plus petit insecte dont on brise la frêle existence doit ressentir de vives douleurs... A la vérité, ton oreille ne peut entendre ses plaintes, ni tes yeux voir couler son sang, mais puisque tu sais qu'il souffre, je suis certaine que tu abandonneras pour toujours ces jeux barbares qui révoltent. »

Aglaé était inconsolable ; elle promit à sa maman de ne plus faire de mal aux animaux, et elle tint parole. Il fallait la voir ensuite regarder avec intérêt, mais sans y toucher, de jolis papillons qu'elle aurait bien voulu prendre, si elle l'avait pu sans les blesser. On la surprenait quelquefois auprès d'une fourmilière, attentive à considérer ces laborieux insectes qui traînaient leurs petites provisions; Aglaé apprenait d'eux à être prévoyante. Elle voyait dans un nid d'oiseaux les soins de la tendresse maternelle et elle en chérissait davantage son aimable mère. « Ah! maman, lui disait-elle, combien j'étais coupable lorsque j'enlevais un petit à la fauvette pour le faire mourir de tristesse et de de faim! Oh! jamais, jamais je n'affligerai une bonne mère! » En disant cela, Aglaé couvrait de baisers les mains de sa maman.

Limoges. — Imprimerie de Barbou frères.